Mille Universi

"Abbiate coraggio di guardare, oltre la riva, l'infinito del mare".

Il tramonto nei tuoi occhi

Vorrei, vorrei riuscire a guardare lontano, e vedere il sole che piano piano si nasconde in mezzo alle onde del mare, ma non ci riesco, i suoi occhi risplendono e la sua pelle luccica, non riesco a smettere di guardarlo. La mia mano gioca con la sabbia cercando lentamente di arrivare alla sua. Il suo sguardo è perso in quel meraviglioso momento. Alcuni gabbiani in volo si posano sulla riva. Il rumore delle onde è solo un sottofondo dei miei pensieri.

Arrivo alla sua mano e la stringo. Sento la sabbia tra le sue dita.

Lui si accorge che lo sto guardando già da un po' e porta il suo sguardo sul mio.

È cosí bello. Con quei due occhi di cui mi sono innamorata.

Mi guarda e sorride.

Mi sento milioni di farfalle volare dentro al mio corpo.

Lo guardo, e penso che non vorrei essere da nessun

altra parte in quel momento, perchè è tutto così perfetto, cosí dolce e delicato. Come una mousse al cioccolato.

Prendere un treno

Ogni volta che prendo un treno ho quella sensazione di libertà con un retrogusto amaro. Partire e andare via, sapere che sei autosufficiente e che puoi andare dove vuoi tu, sei libero, vivo. Poi l'attesa in stazione, quando scendi dal treno e aspetti.

Aspetti qualcuno che ti venga a prendere e che ti dica:"mi sei mancata, ti stavo aspettando." Per poi ricevere quell'abbraccio tanto sognato, sentire il calore di quella persona, il profumo. Sentire che finalmente tutti quei chilometri non contano più nulla, come tutto ció che vi circonda, ci siete solo tu e lui.

Stravolgimi

Pensavo a quanto potesse essere bello essere tra le tue braccia ora. Troppo scontato vero? Bene cambiamo tutto allora. Stravolgimi.

Fammi provare qualcosa di nuovo.

Come adesso. Io sono qui ti sto guardando, sento il tuo respiro tranquillo nel silenzio, non dici niente.

Perchè non dici niente?

Esci dagli schemi. Pensa a tutto ció a cui non hai mai pensato perchè per te era scontato.

Guardami. Ti prego guardami.

I tuoi occhi per me sono come un biglietto senza ritorno per il paradiso. Ti prego appoggia il tuo sguardo sul mio. Sento il tuo profumo che invade la stanza, faccio fatica a pensare.

Non riesco a immaginarmi una vita con te perchè per me sei così prezioso che penso che non riuscirei mai ad abituarmi alla tua presenza, al tuo amore. E non sai quanto amore ho io da darti.

Ne conservo sempre un po' nell'ultimo cassetto del comodino, sotto al cuscino, dentro l'armadio, ne tengo un po' ovunque, in modo che se a volte ne hai bisogno so dove trovarlo.

Parlami ti prego.

Il suono delle tue parole, quella voce dolce, calma che mi entra dentro.

Stravolgimi

Ancora

So che lo sai fare, sai perché lo so?

Perchè se mi basta un tuo sguardo per farmi andare sulla luna figuriamoci un tuo gesto speciale.

Vivere

Guardo fuori.

Cosa vedi?

Vedo il mondo, vedo tutto quello che voglio essere.

Perchè lo vedi fuori?

E dove altro dovrei vederlo? Chiedo incuriosita.

Dentro, nella tua vita, non fuori.

Il treno entra in una galleria.

Guardami.

Cosa sono io?

Sei una persona che puó decidere.

Decidere?

Decidere quello che vuole essere.

Guardo ancora una volta fuori.

Ecco, cosa vedi adesso?

Vedo me.

Come ti vedi

Libera e felice.

Perchè ti vedi fuori dal finestrino?

Perchè io sono dentro e quello che voglio è fuori.

Allora se vuoi così tanto andare fuori, perchè non ci vai?

Perchè ho paura.

Di cosa, di essere felice?

Io sono un fiore

Lo so che a volte quando ti passo accanto inizi a parlare ad alta voce per fare in modo che le tue parole arrivino anche a me, per rendermi partecipe della tua vita per qualche secondo.

Lo so che ti manco anche se non lo ammetterai mai, e sono tante le cose che devo spiegarti. Sono tante le bugie che ti ho detto per farti andare via da me, perchè quando due persone si amano talmente tanto da farsi del male non possono stare insieme e consumarsi.

Ti penso ogni giorno. Ogni momento, ti trovo in ogni cosa. Sei la persona più imperfetta del pianeta. Hai mille difetti e non sai quanto ti odio. Parlo male di te, per ricordarmi quanto mi hai fatto soffrire.

Non ce la faccio proprio a pensarti insieme a qualcun altro. Ma so per certo che quando guarderai la tua nuova ragazza e lei ti chiederà di noi tu risponderai:"no non l'amavo per niente"

Perchè solo io e te sappiamo quello che c'è stato. Quanto amore ci siamo dati e quanto odio si è consumato dentro di noi. Ed è impossibile dimenticarti, niente riuscirà a portarti via dalla mia testa. E ci ho provato, e sto ancora aspettando quel grande amore che arrivi e mi porti via. Ma no, dico a tutti di no, dico di no perchè, non lo so nemmeno io. perchè non ho più la forza di mettermi in gioco. Perchè mi sento bellissima ma nessuno è in grado di coglierlo come facevi tu.

Io sono un piccolo fiore, nascosto tra mille altri, un po' sciupato dal dolore, un po' stanco dalla vita e un po' rovinato per i suoi difetti.

Io sono imperfetta, ma non come dici tu.

Tu sei doppiamente imperfetto. Perchè hai i primi petali che sono bellissimi, lucenti e splendono sotto ogni luce.

Poi hai altri petali che sono volati via, ti hanno fatto dimenticare di te stesso, hanno tolto tutto il valore che avevi.

Così sei rimasto con qualche petalo che splende e piano piano tutti stanno volando via. Stai attento perchè quando rimarrai con solo il gambo, avrai tanto freddo, e non ci saró più io a darti in dono le mie foglie ancora lucenti.

Cosa devo fare

Quando mi manca la tua voce, cosa devo fare?
Cosa devo fare quando vedo qualcuno per strada che
ti somiglia, quando vedo un paio di occhi con qualche
tratto che hai tu. Dimmi cosa devo fare quando ho una
voglia assurda di chiamarti, ma so che sarebbe inutile.
Cosa devo fare quando vedo una tua foto insieme alla
tua ragazza e mi viene un nodo alla gola. Cosa devo
fare per riuscire a rivederti un'ultima volta e gridare al
mondo quanto sei importante per me.
E quando tutto qui mi parla di te, io, cosa devo fare?
Insegnami a stare senza di te e poi puoi uscire dalla
mia vita, ma così, ogni minuto che passa mi manca
sempre di più il respiro, ma più di tutto, mi manchi tu.

Beato amore

Beato amore chi puó vederti tutti i giorni sorridere.

Beato amore chi incrocia il tuo sguardo sulla metro.

Beato amore chi sente la tua voce mentre cerchi di
spiegarti.

Beato amore chi può vederti dormire durante le ore di
matematica.

Beato amore chi ti consola quando stai male.

Beato amore chi puó tenerti per mano.

Beato amore chi sente il tuo profumo per il corridoio.

Beato amore chi puó sentire il sapore delle tue labbra.

Beato amore chi puó dire:"ci vediamo domani." Perché
io non posso farlo tutto questo, non sei qui con me,
ma ti prego almeno nei sogni, torna.

51

Alla fine della via, l'ultima strada a destra casetta

numero 51

Era la tua casetta, dove quella mattina ancora dormivi e

tuo fratello era entrato piano per la paura di svegliarti.

E io che rimanevo seduta sullo schienale della panchina

a ad aspettarlo mentre mi innamoravo del pensiero di

poter essere lì per guardarti dormire, con gli occhi

dolcemente chiusi e il respiro pesante. Chissá poi se tra

tutti quei sogni magari c'ero anche io. Quante cose che

mi erano passate per la testa. Ormai avevo smesso di

sperare che tra noi le cose si potessero mettere a

posto, avevo iniziato a guardare altri ragazzi, misuravo

le loro qualità in una scala da zero a te, ma ti assicuro che nessuno era mai riuscito a superarti. Tu per me eri sempre stato un gradino più in alto, ogni persona che incontravo nella mia vita speravo avesse qualcosa di tuo, come qualche lineamento o somiglianza nella voce o nei modi di fare, purtroppo peró non ero riuscita a trovare nessuna delle tue qualità nemmeno nel ragazzo oggettivamente più bello.

Guardandoti mi rendevo conto che non eri di quelle bellezze che fanno impazzire tutte le ragazze, ma più pensavo a qualche tuo difetto e più mi rendevo conto di fare davvero fatica a trovarne. Sotto i miei occhi eri perfetto, in tutto davvero, anche nei tuoi difetti più brutti, anche dopo tutti gli scontri che abbiamo avuto, ero riuscita a trovare in te sempre la parte più bella. Non sono mai riuscita a capirti ma sinceramente era la cosa che più mi affascinava di te, il tuo essere così misterioso, così diverso. Non eri come gli altri,

probabilmente eri il tipo di ragazzo che sarebbe

passato inosservato camminando per strada, silenzioso

ma con gli occhi sempre aperti. Io invece tra tutti

avevo visto te. Non mi sapevo spiegare il motivo, ma

quando sono caduta nei tuoi occhi, mi sono sentita per

un attimo piena, completa, come quando sei davvero

triste ma non sai il motivo e così da un momento

all'altro capisci dove sta il problema e riesci a risolverlo.

E così sono ritornata dove tutto è incominciato e mi

sembrava di rivivere ogni giorno la stessa storia. A

volte mi sento felice a perdermi nei tuoi ricordi, ma

altre volte sento davvero di avere bisogno di vederti

ancora una volta.

Ho smesso di provare a soffocare i miei sentimenti,

perchè dopo poco, tornano fuori. Spero che a forza di

pensarti tra i tuoi ricordi possa comparire anche

qualcosa di mio.

Amore

Ho sempre creduto nel colpo di fulmine, quel primo sguardo da capogiro, quello che ti fa perdere la testa, che ti fa smettere di pensare a tutte le cose brutte. L'amore si nasconde, ne rimane sempre una briciola che può diventare un pezzo di pane o polvere leggera, tutto questo varia con il tempo.

Io mi innamoro tutti i giorni mille volte, di tante cose, come il profumo del vento, il mondo fuori dalla finestra, gli occhi di un passante. A volte devo fare una scelta, devo ascoltare il mio cuore e sentire cosa preferisce.

Occhi verdi o marroni?

Mare o montagna?

È difficile dare una risposta, ma quando le idee si fanno

più chiare, l'amore aumenta e diventa fuoco, con le sue scintille mi riscalda e mi tiene al sicuro. Senza amore non sarei niente.

Poesia

Tra le persone la mia città scompare
Loro non si stancheranno di suonare
La vita corre veloce
Le note di una ninna nanna cantata a bassa voce
Un bambino che grida felice
Voglia di vivere scorre nelle vene
Loro non si stancheranno di farsi cullare dalla musica
Il sorriso dolce di un passante emozionato
Quanti ricordi in una giornata di sole.

**Ti porto sempre con me, anche quando piove,
perché il tuo ricordo nel mio cuore fa uscire il sole,
ma queste sono solo parole, capirai quando riuscirai
a vedere la luce nei miei occhi camminando tra le
strade di quel quartiere che da qualche anno mi ha
fatto innamorare.**

Benvenuta nel mondo dei grandi cattivi

Quella ragazza con i suoi occhi aveva visto tante scene orribili, di quelle che per tutta la vita vorresti toglierti dalla testa. Provava a non pensarci, si ricordava di come da bambina il mondo le sembrasse bello. Tutte le persone accanto a lei avevano sempre cercato di nasconderle la cattiveria e le cose brutte che l'uomo aveva portato, ma il giorno in cui si diventa grandi arriva per tutti. Per sopravvivere bisogna preparare l'armatura.

Benvenuta nel mondo dei grandi cattivi.

Principe azzurro

Voi ci credete alle coincidenze? Dicono che più ci si crede e più è vera questa cosa. Che quando sei destinato a qualcuno arriverá.

Io ho sempre sognato il principe azzurro come nelle favole che mi raccontava mamma prima di addormentarmi, dove nonostante cenerentola fosse una sfigata atomica riusciva a trovare l'amore, ma quando vissero felici e contenti io ero già nel mondo dei sogni.

L'essere umano non vuole stare da solo, ammettiamolo, stare insieme a qualcuno è fantastico, è come avere quattro braccia al posto di due. È tutto un po' più semplice.

Solo che a volte le cose non vanno come vorresti, pensi che sia la persona giusta e poi all'improvviso cambia tutto, ed è troppo tardi perché ormai il cuore ce l'hai messo.

Ma se ne esce sempre, si ritorna a galla e ci si riprova di nuovo, il gioco ricomincia da capo, a volte è più bello, più serio, a volte lo si vive con una tale leggerezza da non sentirselo nemmeno addosso, ma farà sempre un po' male quando finirà.

Gioy

Amore mio sapevo che non avrei potuto dimenticarti.

Vedere l'alba con te è stata la cosa più bella di tutta la mia vita.

Vorrei vivere e morire di momenti come questi.

Ti amo con quel poco che mi resta, ma é tutto così estremamente vero.

Cuore a mille

Lei decise di accertarsi per ciò che era, era bella ma non una bambola, sembrava vivesse nel suo mondo, dove sapeva benissimo che non tutti l'avrebbero capita, ma decise di non svegliarsi dalla sua favola che la faceva stare tremendamente bene, si chiuse un po' nella sua storia senza poggiare i piedi per terra, vivendo a mille ogni momento.

Si era costruita un muro che teneva lontano dolori e sofferenze, che, nella sua fragilità, l'avrebbero sotterrata facendole dimenticare le cose meravigliose della vita.

Basava la sua felicità in piccoli momenti. Viveva con le farfalle allo stomaco e i brividi lungo la schiena. In emozioni che non si possono spiegare a parole. Amava ed era sempre innamorata, di questa immagine dolce

che si era costruita nella sua testa, forse

dimenticandosi un po' di se stessa e di quello che le

girava intorno, ma con la voglia di sentirsi viva e con il

cuore che esplode nel petto.

I suoi pensieri

Le presi la mano e le dissi che lei era giusta, che era il
mondo che stava sbagliando, che non avrebbe dovuto
mai smettere di sognare perché la fantasia regala
bellezza dentro agli occhi. Che senza un po' di follia
una ragazza come lei non sarebbe sopravvissuta mai, si
sarebbe spenta come il sole in un tramonto di fine
agosto, troppo velocemente per rendersene conto.
La strinsi al mio petto e le dissi di abbandonarsi
completamente a me, perché è questo che una
persona vuole, non dover più camminare da sola e
portarsi sulle spalle il duro peso della vita.
Sapevo che aveva sofferto tanto, che la sua felicità era
nel far felici gli altri e spesso si era dimenticata di sé
stessa.
Volevo che si lasciasse andare, che dimenticasse tutto

per un istante facendosi cullare fra le mie braccia, solo

così avrebbe potuto sentirsi estremamente felice.

E io glielo dovevo.

Ti penso solo qualche volta

Ti penso ogni volta che la vita mi regala un momento libero, in cui lo sguardo inizia a vagare verso il vuoto e la tua immagine appare nitida e sorridente, auguro a tutti di provare emozioni così forti come quando stavo con te, cadere nei tuoi occhi e stringere piano i tuoi capelli, ho passato tutta la notte sveglia ascoltando il rumore del tuo respiro, mi cullava come il suono di una ninna nanna, ma era troppo splendido per darmi la buonanotte, come quando alla televisione passa un bel film, ti si chiudono gli occhi ma una forza superiore fa si che ti restino puntati verso lo schermo. Questo sei tu per me, sei un mare di farfalle nello stomaco, sei un brivido lungo la schiena, una carezza dolce e un bacio leggero. I tuoi occhi che guardano i miei sono qualcosa che non riuscirò mai a dimenticare.

Spina

Ci sono cose che si fanno fatica a spiegare e questa è
una di quelle, nonostante la mia passione sia proprio
quella di giocare con le parole cercando di descrivere
al meglio quello che provo e quello che mi circonda,
questa volta è davvero difficile.

Non si può descrivere il profumo di un luogo, puoi dire
quello che vedi con gli occhi ma non quello che senti
con il cuore.

Spina non è solo una seconda casa, é una famiglia, è il
rifugio lontano da tutto, è quel posto fuori dal mondo
in cui le persone dicono sempre di voler andare.

E come si spiega il profumo di casa a qualcuno che non
l'ha mai sentito...

Spina è quel posto in cui impari a conoscere anche
quelle persone a cui non ti avvicineresti mai e poi
scopri che non sono così male, è quel posto dove trovi
l'amicizia vera, quella che ti resta nel cuore per tutta la

vita, è quel posto dove trovi l'amore, quell'amore che profuma di estate, di pino e di mare, che ti entra dentro e non ti lascia più, e ti senti strano, perché ti scoppia il cuore e non sei abituato a questo. Tu sei abituato alla vita frenetica, alle porte chiuse in faccia, ma quando entri in questo posto è come se ti scordassi di quello che eri, arriva il momento in cui sei tu che puoi scegliere chi vuoi essere e qualsiasi scelta farai non ti giudicheranno.

Non è il paradiso, qui sei messo a dura prova con te stesso, impari a conoscerti e a volte ti fa male quello che vedi ma è la tua occasione per migliorarti. Le persone che lasciano il cuore qui decidono di lasciarlo per sempre.

Nessuno è mai arrivato qui con la voglia di andarsene via, ti innamori di questo posto come la pasta di innamora del sugo, le fragole della panna e il burro della marmellata.

- [ ]

Amore e Girasoli

In un posto lontano da tutto, dentro a un bosco profumato e silenzioso ci siamo noi.

Ci siamo io e te che riempiamo le nostre giornate di amore e di girasoli. Ci sono i tuoi capelli che profumano la stanza e i tuoi occhi che mi fanno impazzire, sto tremando, tremo talmente forte che per un attimo penso di avere la febbre alta, ma invece sei solo tu, sono solo le tue mani sulla mia pelle che mi fanno quasi svenire. Perché un amore così non lo cerchi, non lo trovi, arriva, ti stravolge i piani, ti fa pensare che nulla ha più importanza, che lasceresti tutto e in questo bosco ci passeresti il resto della tua vita.

Stella cadente

Era notte fonda, eravamo sdraiati sulla sabbia a guardare le stelle, avevo sognato un momento così da mesi ormai. Facevo fatica a restare con lo sguardo fisso verso il cielo, volevo guardarlo, volevo voltarmi verso di lui, guardarlo dritto negli occhi, prendergli la mano e stringerla nella mia ma non potevo farlo.

Poi una stella fece brillare il cielo lanciandosi nell'universo lasciando una scia dietro di se.

"Esprimi un desiderio" mi disse lui subito dopo.

Ma il mio desiderio era già li, proprio accanto a me.

Non potevo chiedere niente di più perché non esisteva niente di meglio.

Simona e Massimo

Simona abita a Milano e durante le vacanze estive con la sua famiglia passa quattro settimane in Abruzzo. Questa estate Simona ha conosciuto Massimo, un bellissimo ragazzo con i capelli ricci, pieni di boccoli. Non si sa cosa succede quando due occhi si incontrano e iniziano a danzare tra loro, ballano sopra una musica dolce, intensa e che ti fa venire la pelle d'oca. Dagli sguardi al bisogno più estremo di un contatto, una carezza. Così dalla pelle d'oca ai brividi, che partono dalla schiena e arrivano al cuore, ed è proprio in quel momento che succede qualcosa, quando le labbra si incontrano e premute dolcemente con gli occhi stretti, il cuore esplode.

Il bisogno di abbracciarsi forte, e non sarà mai abbastanza per sentirsi sempre più vicini, quasi a voler diventare qualcosa di unico. Una cosa sola. Per la paura che arriverà il giorno in cui tutto dovrà finire, la paura di doversi lasciare le mani e non potersi più guardare negli occhi, non poter più stringere quei ricci morbidi.

La paura di dover indossare una felpa con la consapevolezza che con sè si è portata via non solo l'estate ma anche una parte di te, sapere che il tempo passerà lentamente, e la paura che tutto possa cambiare e che qualcuno si dimentichi di quel primo sguardo, di quella musica dolce, della pelle d'oca e dei brividi.

Ma non puoi dimenticare qualcosa di così forte. E quando le cose stanno così, si combatte per questo amore, si lotta contro i chilometri e tutto il resto non conta più nulla.

C'è solo amore.

Ci sono solo Simona e Massimo.

Io ti avrei dato la luna ma tu volevi solo il mio corpo

Ma quanto è figa quella, quante botte che le darei... immagina senza vestiti poi.

Solo questo sapete dire, solo questo volete. Vi interessa solo ciò che il vostro giochino punta, diventa la vostra preda. Vi divertite a prenderci in giro, promettendoci la luna, ma prima dobbiamo concederci a voi.

Io al vostro gioco non ci sto più, a costo di restare sola con me stessa.

È bruttissimo conoscere una persona e vivere con il pensiero costante che questa non possa apprezzarti per quello che sei realmente, non riuscire mai a lasciarsi andare mentalmente è frustrante e ti fa sentire solo più insicuro di quello che già sei.
Vorrei dire che il sesso non ti lascia niente, ti lascia un orgasmo triste e il corpo sporco, ma voi fareste di tutto

solo per quella sensazione di qualche istante per poi tornare dagli amici e raccontare la vostra esperienza sensazionale.

Io vi odio perché dall'altra parte c'è una ragazza che aspetta di essere richiamata, aspetta di andare a cena fuori o di fare una passeggiata mano nella mano, ma l'unica volta che avrete il coraggio di richiamarla sarà solo quando avrete voglia di fare sesso di nuovo. È orribile.

Vi vendereste anche l'anima solo per una notte insieme a una bella ragazza, che per voi non sarà mai bella, sarà sempre "figa" "scopabile"

Quando inizierete a ragionare con la testa e non con il vostro giochino, forse vi renderete conto della bellezza che vi siete persi. Di quante occasioni avete sprecato. Di chi per voi la luna l'avrebbe presa veramente e voi invece avete preferito fare schifo.

319 km

Ci sono stata così male perché io ti ho amato più di qualunque cosa al mondo.

Ci ho provato ad andare avanti, ma anche chiudendo gli occhi nessun bacio potrà mai avere il tuo sapore.

Ho fatto tanti errori verso me stessa, mi sono fatta del male, continuando a pensare di essere io il problema.

Ma tu non puoi capire cosa vuol dire amare così tanto qualcuno che non ricambia.

Sarei andata anche sulla luna solo per guardati, anche solo per qualche minuto.

Mi ricordo le ultime volte in cui ti ho visto, avevo il battito talmente accelerato che pensavo di svenire.

Non riuscivo mai a toglierti lo sguardo di dosso.

Io ti ho amato più di tutti quelli che quell'estate hanno dato amore. Io ho amato te, più di me, mi sono disperata all'idea di perderti, che ho finito per perdermi io. E mi perdo ancora all'idea che dovrò rivederti, dopo tutto questo, io continuo ad amarti, senza smettere mai, perché non ci riesco, perché il mio cuore non vuole allontanarsi dal tuo, nonostante 319 km che separano i miei occhi dai tuoi. E continuerò ad amarti finché lui lo vorrà. E non potrò farci niente.

Chi ama forte non sbaglia mai se il cuore è sincero

I miei incubi parlano tanto, forse troppo, mi ricordano le mie paure più grandi, quando mi sveglio, abbracciata dall'inquietudine mi dico che devo amare più forte, anche se il mio incubo diventerà reale, non devo, per paura, impedirmi di amare, sarebbe solo altra benzina buttata sui brutti sogni.

Non vinceranno loro.

Ho bisogno di fare quello che sento, nonostante le cose potrebbero non andare come vorrei. Chi ama forte non sbaglia mai se il cuore è sincero.

Guardarti fino a consumare gli occhi

Non posso chiedere al mio cuore di smettere di battere per te, non posso chiedere alle mie mani di non tremare quando ti sono vicino, non posso nemmeno chiedere ai miei occhi di spostare lo sguardo dai tuoi.
Non posso perché sono innamorata di te, perché amo ogni piccola parte di quello che sei.
L'amore non si merita, l'amore arriva, senza chiedere permesso, ti stravolge, non ti lascia possibilità di scelta, fa quello che vuole.
Ti amo quanto il mio cuore ha scelto, quanto la voglia che le mie mani hanno di incontrare le tue, per completarsi, quanto i miei occhi hanno bisogno di cadere dentro ai tuoi.

10 respiri

Conta 10 respiri.

Il primo è quello più difficile, quello che fai con un nodo alla gola talmente grande che sembra insormontabile.

Il secondo respiro ti fa tremare un'ultima volta.

Il terzo fa cessare il pianto.

Il quarto socchiude gli occhi e calma i lineamenti del viso.

Il respiro che segue rende la testa pesante.

Il sesto fa sprofondare anche le braccia, poi le mani.

Il settimo fa la stessa cosa con le gambe.

L'ottavo culla.

Il nono svuota i pensieri.

Infine, il decimo respiro fa che il dolore non si senta più, è calmato, addormentato.

Gli occhi riescono a guardare con lucidità, soltanto 10 respiri per capire se ne vale la pena torturasi fino a consumarsi, dieci respiri per fare chiarezza. Dedicarsi 10 respiri.

Raccontava di te come fossi la stella più bella del cielo

Io l'ho sentito lui parlare di te, di come ti raccontava bella senza accennare mai che eri sempre senza trucco, con le occhiaie perché non dormivi mai, che lavoravi troppo, che lavoravate troppo, ma fino alle 4 del mattino a parlare, ed erano i vostri momenti più belli, dopo una giornata infinita lui mi ha detto che voleva vedere solo i tuoi occhi, che ti avrebbe raggiunto ovunque tu fossi stata, che una sera ha preso la macchina, ormai era tardi, ha fatto 2 ore di viaggio solo per raggiungerti, e la mattina dopo il lavoro di nuovo lo aspettava.

Ha detto di te che eri la sua donna, che ti ha amato e ti amerà per sempre, che gli piacerai sempre, perché l'amore vero è così, non passa mai, resta sempre. Ha raccontato del bene che gli hai fatto, di quando eravate con i tuoi genitori e immaginava come sarebbe stato arredare la vostra casa insieme, vivere insieme, svegliarsi con il tuo viso accanto per il resto della sua vita, ma forse per te non era lo stesso, forse tu avevi bisogno di altro, non eri ancora pronta per tutto questo amore, così sei scappata, ma lui non ti odia per questo, ha provato a capirti, ha detto che ti vuole vedere felice, tutto qui, non importa come e con chi, anche se non con lui, solamente felice.

Hai preferito non tenerti stretto tutto questo amore, ma è giusto così, al cuore non si comanda, l'unica cosa che ti chiedo é di non dimenticartene mai, come lui farà con te, non dimenticarti mai che è stato importante.

Siamo qualcosa di bello io e te

Oggi devo averti pensato talmente tanto che...

Stasera avevi bevuto troppo come me, devi averli sentiti i miei pensieri e hai deciso di scrivermi, hai detto che all'estate manca poco, che ci divertiremo, hai solo dimenticato un piccolo dettaglio... io sono innamorata di te.

Così ti ho detto che io voglio di più del solo divertimento che l'estate può regalarti, io voglio te più di tutto, voglio le tue labbra e quella rosa che tenevi stretta in quella foto, volevo fosse per me. La volevo io, l'avrei tenuta con tutto il mio amore che non sarebbe appassita mai, sempre in fiore anche con il gelo.

Hai detto che vedremo, che il futuro solo lui sa cosa ci aspetta, che ci tenevi che le cose andassero bene, che siamo belli io e te.

La bellezza non deve finire, quando i tuoi occhi incontreranno di nuovo i miei, ti prego, questa bellezza, non la far finire mai.

Aspetterò un milione di minuti per stringerti anche solo per due. Resterò ferma a quel maledetto bar con un bicchiere di vino che non finirò mai soltanto per continuare a guardarti.

Io non voglio solo divertirmi, io voglio noi due, che facciamo invidia al mondo. Voglio amarti talmente forte da oltrepassare tutti i limiti, più in alto del cielo, sopra le stelle, trovare il nostro posto insieme alle cose belle, perché è questo quello che siamo.

Quando il cuore sceglie al posto tuo

Caro amore mio,

Quando ti ho visto per la prima volta non pensavo che mi saresti entrato dentro senza uscire più. Mi hai condizionata, quello che provo per te ha influito su molte scelte che ho preso. A volte ho provato a metterti da parte, ma sei sempre tornato. Se penso al mio futuro, l'unica cosa che vorrei per certo sarebbe svegliarmi tutte le mattine con il tuo viso accanto al mio, il ricordo di quelle volte che è successo mi fa ancora venire i brividi.

Non ti vedo da sette mesi ormai, tra due incontrerò i tuoi occhi ancora. Sette mesi passati ad amarti senza una risposta.

Sono una stupida lo so, tutti me l'hanno ripetuto. Io che in questi mesi non avevo altro se non alcune nostre foto insieme, i tuoi pantaloncini e mille ricordi che scorrono velocemente nella mia testa tutti i giorni.

Non ho altro che questo.

Non ho potuto ricominciare, perché quello che ho provato e che tutt'ora provo per te, è qualcosa di troppo forte e di tremendamente bello, e non posso lasciarlo andare, si perderebbe nel vento, e verrebbe dimenticato per sempre. Tutto questo tempo non merita di essere scordato.

Ci voglio riprovare, per una seconda volta, ho bisogno di averti tra le mie braccia di nuovo, per scoprire se mi meriti davvero, se meriti tutto questo tempo, tutto questo amore che ho tenuto solo per te.

E ora mi stringo per l'ennesima notte tra le coperte, immaginandoti qui, sperando di fare bei sogni dove magari siamo insieme, e siamo felici.

Carmen

Tu oggi sei in un campo di fiori, balliamo insieme, ci teniamo per la mano e facciamo mille giravolte.

Sei davanti alla televisione seduta sul divano insieme al nonno, sorseggiando un bicchiere di vino rosso, ricordati la cena nel forno,ci sono quei panzerotti con il prosciutto e le patate, il profumo sta già coccolando tutta la casa. Quanto sei bella mentre sorridi, non aver paura, ovunque tu sia, ora puoi essere felice.

Sarai la stella più luminosa del cielo, il fiore più bello, quello che nonostante tutto è riuscito a nascere in mezzo al cemento.

Sei e sarai per sempre la mia nonna, la mia forza, la mia confidente e la mia migliore amica. Ti amo. Tua Biciclettina.

Il bullismo uccide

Ma non l' avete ancora capito che il bullismo uccide?

Le parole fanno male, fanno così male che ti offuscano la vista, ti tolgono la ragione e ti fanno salire un nodo in gola permanente che non ti dà abbastanza voce per urlare e avresti solo voglia di farti del male, perché finisci per pensare che quello sbagliato sei tu, che sei tu quello che non va bene e che senza di te tutti starebbero meglio e allora non ne puoi più,che il bello della vita proprio non lo trovi, che il sole non ti illumina più, che ha preferito scaldare qualcun altro e allora non fai altro che ripensare alle loro parole, ai loro "non vali niente" , "non hai amici" , "nessuno vorrà mai stare con te" e finisci per crederci, perché quando tutti ripetono in continuazione la stessa cosa alla fine ci credi, poi diventa vera e decidi di dargli ragione, di farli vincere, e di paure non ne hai più, che per il bene che vuoi a mamma e papà gli chiedi scusa per il vuoto che stai per lasciare, che ti dispiace ma non ce la fai più, che non sei stato abbastanza coraggioso, che tu non sei come il tuo compagno di classe che con due parole riesce a far ridere tutti, tu sei insicuro e quando parli nessuno ti ascolta più, e non è più questo quello che vuoi, che adesso capiranno cosa hanno fatto e saranno felici di avercela fatta a distruggerti e forse la smetteranno, o forse dopo due giorni ti avranno già dimenticato e non sarà servito comunque a niente. Ma tutto questo non è giusto. Non ti dico di non ascoltarli, è impossibile, non ti dico di combatterli, da solo peggiorerai solo le cose. Ti chiedo solo di parlarne, parlarne con qualcuno e poi con qualcun altro fino a trovare la persona giusta, fatti aiutare, non aver paura, tutti abbiamo bisogno di qualcuno, anche loro per farti tutto questo male erano in gruppo e tu per uscirne non devi essere solo. Non sei solo. Quelle parole ti sono entrate dentro, non ti usciranno mai, ma ricorda che non sono vere. Ricorda che la vita è bellissima, esci da quelle mura, guarda il cielo, guarda quanta vita che ti gira intorno, la tua vita è importante, splendi, non piangere, sorridi, ricomincia, chiedi aiuto, fatti abbracciare e trova di nuovo quella leggerezza che avevi da bambino e che ti manca così tanto. La tua vita è importante, non buttarla via per delle persone che non lo meritano, tu vali tanto. Splendi. Sempre.

Punto a capo

Ho imparato che ci si addormenta lo stesso, anche senza avere un ultimo pensiero speciale dedicato a qualcuno, ho imparato che ci si sveglierà anche senza dover dare importanza a ciò che prima sembrava tutta la tua vita.

Si sopravvive. Anche così, anche senza, la vita continua. Se non dedichi la tua vita a qualcuno si vive lo stesso, si può vivere per sé stessi.

Motivazione

Abbiamo scelto altro, ognuno per i suoi motivi, e ogni giorno portiamo avanti la nostra scelta con tenacia, passo dopo passo, senza farci abbattere dai fallimenti, perché i fallimenti ci sono solo per chi ha deciso di mettersi in gioco. Chi non si mette in gioco, chi non cambia, chi non ci prova, non conoscerà mai fallimenti e ricadute, ma non conoscerà nemmeno mai la vittoria, la gioia di avercela fatta.

Continuate a combattere per voi stessi, qualunque cosa accada. Credete sempre in voi stessi, perché voi avete avuto la forza di iniziare e avrete la forza di portare a termine questo percorso.

A te che hai ispirato la mia vita, che mi rendi così fragile ma estremamente felice. Cullata tra le braccia delle mie favole, sempre sognatrice di qualcosa di semplice ma meraviglioso. Non riuscirei mai a rinunciare al tuo modo di riuscire a mettere ordine tra i miei pensieri, di far sì che tutto diventi perfetto. Basta chiudere gli occhi, e, una volta riaperti, la mia favola si scrive sotto il mio sguardo, compiaciuta sorrido, scoprendo ogni giorno qualche piccolo dettaglio nuovo che rende la mia storia ancora più speciale.

Con te ho imparato a volare, senza alcun limite, oltre qualunque confine, sei parte di me.

www.ingramcontent.com/pod-product-compliance
Lightning Source LLC
LaVergne TN
LVHW090047090426
835511LV00031B/527